LEBENS LUST

in unlustigen Zeiten

Manfred Lütz

LEBENS
LUST

in unlustigen Zeiten

PATTLOCH

Inhalt

Das Erlebnis von Glück,
Heil und Sinn

„Lebensfreude" solle ich das Buch nennen. Das
hatten mir viele geraten. „Lebenslust", das klinge
doch anrüchig. Lieber die reine Freude als die
böse Lust. Doch ich hatte mir in den Kopf gesetzt,
das Buch „Lebenslust" zu nennen. Gewiss, geistige Freude haben auch
reine Geister wie die
Engel. Doch ich bin nun
mal kein Engel, ich bin
Mensch. Und ich bin das gerne. Mir reicht nicht
die geistige Freude, ich liebe auch die sinnliche
Lust – in wohlanständigen Grenzen, versteht
sich. Und mit dieser Haltung habe ich sogar Thomas von Aquin auf meiner Seite. Denn der wohl-
beleibte Kirchenmann hatte schon vor 800 Jahren
erklärt, Mensch-Sein sei schöner als Engel-Sein,
schließlich sei Gott nicht Engel geworden.

Mensch sei er geworden. Und dabei müsse er sich was gedacht haben. Doch kann man in unseren Tagen noch von Lebenslust sprechen? Auch Sie schauen skeptisch, lieber Leser! Gerade in unlustigen Zeiten ist es aber wichtig, sich auf Lebenslust zu besinnen.

Die alten Griechen hatten viel Sinn für die Erfahrung mit der Lust am Leben. Und sie wussten, dass es dazu der Muße bedürfe. Während wir uns erho-

ist Mensch geworden

len, um zu arbeiten, erklärte Aristoteles kategorisch: „Wir arbeiten, um Muße zu haben." Mit Freizeit hatte Muße also nichts zu tun. Bei den Griechen hätte es sicher keinen Arbeitsminister, sondern einen Minister für Muße und zwecklose Tätigkeiten gegeben. Allerdings nur in einer politischen Ordnung, die die Würde des Menschen respektiert. Der Tyrann verhindert die Muße, sagt

Aristoteles. Nicht um die Arbeit, um die Muße dreht sich bei den Griechen alles. „Scholia" heißt Muße. Arbeit heißt „Ascholia": Nicht-Muße. Auch die Römer haben das übernommen. „Otium" war bei ihnen die Muße, „Negotium" (Nicht-Muße) war die Arbeit, waren die Geschäfte. Das scheint nun tatsächlich eine verkehrte Welt zu sein. Nicht dass man irgendwo saß und nichts Produktives tat, war da erklärungsbedürftig, sondern dass man arbeitete. Man soll nicht verschweigen, dass Sklaven eine solche Muße-Gesellschaft praktisch möglich machten. Aber das erklärt keineswegs die Wertschätzung der Muße. Ein Erlebnisurlaub, bei dem keine Tätigkeiten angeboten würden, würde mutmaßlich zu Regressforderungen führen. „Wir waren im Urlaub und haben nichts erlebt!" Die Griechen hielten dieses

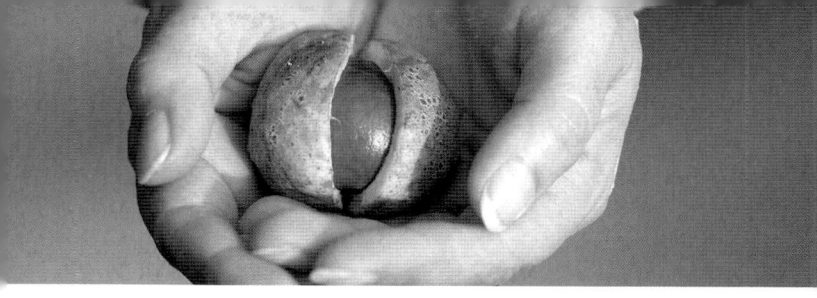

„Nichts" selbst für ein Erlebnis, geradezu für das Erlebnis schlechthin. Mit Faulheit ist Muße daher auch nicht richtig übersetzt. Natürlich gibt es einige mutige Zeitgenossen, die im Urlaub faulenzen. Hört man näher hin, hat dieses Faulenzen dann aber entweder doch einen Zweck, nämlich Erholung, Alternativsein, Geldsparen, oder es ist rein passives Die-Zeit-Totschlagen – also die reine Barbarei für die Griechen.

Denn den Griechen ist die Muße unendlich kostbar. Sie ist der Ort für das Erlebnis von Glück, Heil und Sinn des Lebens schlechthin. Was also ist Muße?

Die Muße ist eine zwecklos, aber höchst sinnvoll verbrachte Zeit. Es ist die Zeit, in der wir wir selbst sein können, wo wir keine Rolle spielen müssen, nichts Produktives herstellen müssen

und die unwiederholbare Zeit unseres Lebens intensiv erleben können. Muße hat nichts mit Langeweile zu tun, doch bedeutet Fähigkeit zur

Aufnahmebereit

Muße auch, einmal eine gewisse Langeweile gelassen aushalten zu können. Aber Muße ist keine einfach nur passive Zeit. Vielmehr sind alle Sinne wach und gelassen – aufnahmebereit für das Schöne der Welt. Die Gedanken schweifen erfinderisch, aber lustvoll ziellos dahin. Philosophische Gespräche erfreuen den Geist, aber auch gebildete Konversation über Gott und die Welt – ohne jeden Zweck des Bildungsbeweises oder der Weltbeglückung. Solche Mußezeit hat gewiss auch Ergebnisse, aber absichtslose und dadurch vielleicht kreativere.

für das

Schöne der Welt

Muße ist die Zeit von Erkenntnis ohne Interesse. In solchen Momenten kann es geschehen, so sagten die Alten, dass das Göttliche den Menschen berührt.

Die Muße stammt aus dem Kult

Die Muße ist von niemandem erfunden worden.
Der Philosoph Josef Pieper hat darauf hingewiesen,
dass sie dem Kult entstammt. Der Kult ist wie die
Muße zwecklos, aber höchst sinnvoll. Der religiöse
Kult ist von seinem Wesen her die Feier des Ver-
hältnisses der Menschen zu Gott. Dieses Verhältnis
muss man nicht herstellen, es ist. Und dass es ist,
das wird im Kult begangen. Der Mensch, der im
Kult vor Gott steht, entledigt sich aller seiner Rollen, die ihn
sonst umtrei-
ben. Er ist im
Kult nicht Vater seiner Kinder, nicht Sohn seiner
Eltern, nicht Mann seiner Frau, nicht Vorgesetzter
seiner Untergebenen, nicht Untergebener seiner
Vorgesetzten, nicht Nachbar, nicht Freund, nicht
Staatsbürger oder wie die vielen Rollen auch hei-
ßen mögen, in die man ganz selbstverständlich

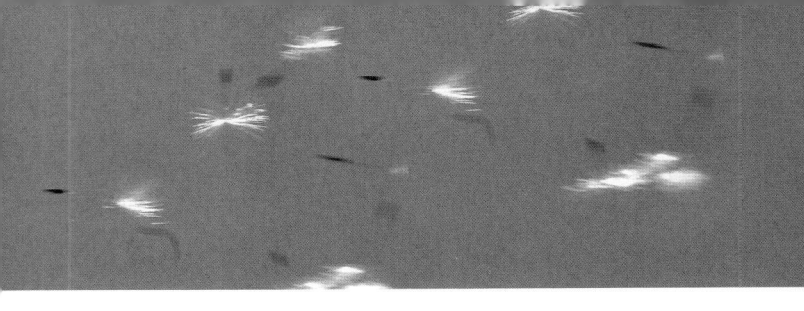

hineingerät. Im Kult ist der Mensch nur er selbst – vor Gott. Und er verbringt da eine unwiederholbare Zeit seines Lebens vor Gott. Das ist in sich sinnvoll. Alles andere auf der Welt mag zu einem Zweck existieren, der Mensch aber ist um seiner selbst willen da. Er hat keinen Zweck. Er ist. Und das begeht er, ja das feiert er im Kult.

Daher ist es ein Missverständnis, den Gottesdienst im Wesentlichen nach der Qualität der Predigt, der Perfektion des Gesangs oder dem Abwechslungsreichtum des gebotenen Entertainments zu bewerten. Bildungsergiebigere Vorträge kann man anderweitig hören, für gute Musik muss man sich nicht sonntags morgens aus dem Bett quälen, und für kurzweiliges Entertainment ist das Fernsehen besser geeignet. Es mag zwar Gottesdienstleiter geben, die meinen, da in Konkur-

renz treten zu müssen. Aber seien Sie versichert, alle Gottesdienste neigen diesbezüglich zur Zweitklassigkeit, und intensive Bemühung um Erstklassigkeit ist noch erheblich lästiger als Zweitklassigkeit. Gottesdienste sind nicht unterhaltsam. Der Gottesdienstbesuch nützt in der Regel nicht der Bildung, er schafft keine neuen, interessanten Kontakte, er erhöht nicht das Bruttosozialprodukt. In den Gottesdienst geht man keinem dieser Zwecke zuliebe. Im Gottesdienst steht man völlig zwecklos, aber höchst sinnvoll wenigstens diese eine unwiederholbare Stunde von 168 Wochenstunden vor Gott und wird herausgerissen aus der Enge alltäglicher Betriebsamkeit in die Mitte der Welt. Schon Platon sagte, „im festlichen Umgang mit den Göttern" gewinne der Mensch seine wahre, aufrechte Gestalt zurück.

Was die Zweckfreiheit betrifft, kann man mit dem Kult allenfalls das Spiel vergleichen. Nicht das Wett-

spiel, wo es Sieger und Besiegte gibt und das bloß unsere Leistungs- und Konkurrenzgesellschaft abbildet. Vielmehr das Spiel, auf das sich vor allem Kinder verstehen, das keinen Siegeszweck erfüllt, sondern in sich sinnvoll ist. Das Spiel hat auch ganz ursprünglich eine direkte Verbindung mit dem Kult.

aber höchst sinnvoll

Die Olympischen Spiele waren Kultveranstaltungen am Ort des Zeus von Olympia. Nicht allein um den Sieg ging es da, sondern die Sterblichen aus ganz Griechenland verbrachten eine gewisse Zeit in Olympia und spielten zweckfrei, aber höchst sinnvoll vor den unsterblichen Göttern am heiligen Hain. Heiliges Spiel hat man übrigens auch die heilige Messe genannt.

vor Gott

Die Olympischen Spiele waren eine sakrale Feier und zugleich ein weltliches Fest. Auch das Fest

und die Feier entstammen dem Kult. Ein guter Gottesdienst sollte ein Fest sein, und noch heute erinnern deftige Kirchweihfeste an beste Traditionen.

Lebenslust

Auch richtige Feste und Feiern sind zwecklos, aber höchst sinnvoll. Wer feiert, um sich zu erholen, oder bloß auf ein Fest geht, um wichtige Kontakte zu knüpfen, der kann nicht feiern und stört das Fest. Gewiss sollte man jetzt nicht gleich strenge Regeln für korrektes Festefeiern erlassen. Aber eines ist sicher: Ein richtig schönes Fest erfüllt dann seinen Zweck, wenn es richtig schön zwecklos ist. Sonst ist es eher eine Kommunikationsförderungsveranstaltung mit strenger Kleiderordnung und kurzen Wortbeiträgen, Small Talk genannt. Diplomaten können ein Lied davon singen, wie anstrengend solche „Cocktails" sind. Da muss man dann irgendwelche Nationalfeiertage feiern. Allerdings wäre es wohl richtiger zu sagen, man begeht diese Feiertage. Denn man geht hin,

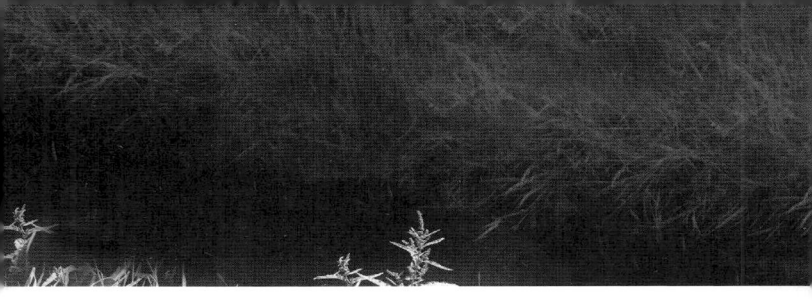

steht da ein wenig herum und geht dann wieder weg. Das ist Arbeit. Mit Feiern hat das nichts zu tun. Ganz anders richtiges Festefeiern. Da ist Lebenslust angesagt. Der Sinn des Festes ist die Zustimmung zur Welt. Übrigens erinnert der schöne Ausdruck Feierabend daran, was man eigentlich in dieser Zeit tun könnte.

Muße und Kult seien Voraussetzung für Kultur überhaupt, sagt Josef Pieper. Alle Kunst ist zwecklos, aber höchst sinnvoll. Und die rechte Haltung, sie wahrzunehmen, ist nicht, irgendwelches Wissen darüber zu speichern – das mag vielleicht ein bisschen hilfreich sein –, sondern sich von ihr ergreifen zu lassen in einer Atmosphäre gelassener Muße.

Nehmen wir an, ich könnte Ihnen, lieber Leser, jetzt im Moment sagen, an welchem Tag genau Sie sterben werden. Ich bin sicher, schon morgen

würden Sie anders leben. Denn Sie wüssten, morgen wäre unwiderruflich ein unwiederholbarer Tag weniger auf der Lebensrechnung. Nun ist es aber wirklich so, dass es absolut sicher ist, dass Sie sterben und dass daher der morgige Tag unwiderruflich ein unwiederholbarer Tag weniger auf der Lebensrechnung ist. Und damit ist klar: Die Zeit ist knapp, auch für Sie, lieber Leser. Da ist die Floskel „Zeit ist Geld" schon eine maßlose Untertreibung. Würden Sie, wenn Sie sicher wüssten, dass sie in bemessener Zeit sterben werden, für Geld zeitweilig den größten Unsinn tun, lästigen Unsinn, keinen lustigen Unsinn, versteht sich? Zeit ist unendlich viel kostbarer als Geld. Aber was macht man mit ihr, wenn man sie nicht verkauft, nicht vertreibt und nicht totschlägt? Stellen Sie sich vor, es ist Zeit, und keiner geht hin!

Die Antwort ist klar: Muße! Die Zeit und das Leben ganz intensiv in der Einzigartigkeit jedes Moments spüren. Das ist Lebenslust in ihrer höchsten Form.

Wer das unternimmt, der begibt sich auf ein Abenteuer, das sogar noch weiter reicht. Im Bewusstsein

ist kostbarer als Geld

der Unwiederholbarkeit jedes Augenblicks kann ihm in einer eindringlichen Zeit zweckfreier Muße plötzlich Ewigkeit zustoßen.

Zeit und Ewigkeit

Wenn man unverhofft im Autoradio eine wunderschöne Melodie hört, vielleicht von Mozart – und sich nicht gleich fragt, wie die heißt, wie man die auf

Eine Ahnung

CD bekommt, wie man die wiederholen kann; wenn man sich auch nicht gleich als Kritiker betätigt, der technische Mängel an der Einspielung herauszuhören versucht; wenn man sich vielmehr ganz intensiv der Unwiederholbarkeit dieses ergreifenden Moments bewusst ist und ihn genießt, sich ergreifen lässt, dann kann man in diesem Moment eine Ahnung von Ewigkeit bekommen – oder noch mehr, dann ereignet sich Ewigkeit, die die Zeit und den Moment sprengt, auch wenn man währenddessen im Stau auf dem Kölner Autobahnring steht. Nicht nur

das Gehör, alle menschlichen Sinne sind ewigkeits-
fähig. Wenn man in vergleichbarer Verfassung durch
einen Wald geht, ohne das Buch „Mein Wald gehört
mir", und darauf verzichtet, den Wald auf den
Begriff zu bringen, ihn unter Bildungsgesichtspunk-
ten, unter ökologischen, gesundheitlichen oder öko-
nomischen Aspekten zu betrachten, und auch nicht
nur, um anschließend jemandem von dieser Wande-
rung zu berichten; wenn der Gang durch den Wald

von Ewigkeit

also völlig zwecklos ist, man freilich alles ganz
intensiv mit allen Sinnen wahrnimmt, dann mag
man ein Gespür dafür bekommen, was Schöpfung
ist, und auch dieses Erlebnis sprengt die lächerlich
kurze Zeit, die man im Wald verbracht hat.

Der Zen-Buddhismus vermittelt vergleichbare Erlebnisse bei der Kunst des Bogenschießens, die

bekanntlich nicht im Schießen selbst besteht, sondern im intensiv konzentrierten Spannen des Bogens.

Kaum eine Situation ist völlig ungeeignet, um dieses intensive Erleben der Zeit und der Lust am Leben zu ermöglichen. Wir müssen nur für einen Moment aussteigen aus all den Üblichkeiten und der Routine des Lebens und uns der Zeit aussetzen. In unseren Gesellschaften ist man das freilich nicht mehr gewohnt. Sogar Pfarrer berichten, dass Gottesdienstbesucher höchstens noch eine Minute Schweigen aushalten – dann wird geraschelt, gehüstelt und anderweitig angezeigt, dass es nun genug ist. Man muss auch Muße üben. Daher ein praktischer Vorschlag: Nehmen Sie sich mal wenigstens eine halbe Stunde in der Woche Zeit zum Ausstieg aus allen Zweckmäßigkeiten. Wenn Sie das nicht schon einmal versucht haben, wird es Ihnen anfangs

gewiss schwerfallen, aber mit der Zeit werden Sie ein anderes Verhältnis zu Ihrer kostbaren Lebenszeit bekommen und vielleicht sogar die Chance, so etwas wie Ewigkeit zu erleben. Und wo kann man die erleben?

Vor Jahren gab es eine Fernsehdiskussion der beiden großen Philosophen Ernst Bloch und Gabriel Marcel. Beide alten Männer, wohl über 80 Jahre alt, waren in geradezu allem unterschiedlicher Auffassung. Und das war auch zu erwarten. Ernst Bloch als marxistischer Philosoph kam immer wieder auf die Bedeutung der Gesellschaft zu sprechen. Gabriel Marcel, katholischer Existenzphilosoph, beschwor die Tiefe der individuellen Existenz. Der Streit wurde so hitzig, dass Gabriel Marcel heftig und unwillig mit dem mitgeführten Gehstock auf den Boden stieß und sich an einem gewissen Punkt so aufregte, dass er ins Französische wechselte,

was den Moderator in arge Bedrängnis brachte. Doch nun geschah das Unerwartete. Der Moderator stellte die Frage, was denn eigentlich das Wesentliche im Leben sei.

Da wurden die beiden alten Männer nachdenklich. Ernst Bloch stopfte sich stirnrunzelnd seine Pfeife und sagte nichts. Gabriel Marcel stützte sich im Sit-

Das Wesentliche

zen auf seinen Stock, sah angestrengt in die Ferne und sagte auch nichts. Und in die Stille hinein fragte der Moderator, ob es denn so etwas wie das Transzendente gäbe, das Jenseitige, und ob man das in diesem Leben schon erleben könne. Da richtete sich der alte Ernst Bloch auf, nahm seine Pfeife zur Seite und sagte mit klarem Blick, ja, das Transzendente gebe es und man könne es auch erleben, nämlich in der Neunten Symphonie von Beethoven. Und

Gabriel Marcel, der seinen greisen Altersgenossen bei dieser Antwort genau angeschaut hatte, nickte mit einer Lebendigkeit, die ihn geradezu jung erscheinen ließ. Ja, sagte er, die späten Symphonien von Beethoven, da ereigne sich Ewigkeit. Und die beiden alten Männer lächelten sich an. Ganz unerwartet hatten sie doch noch etwas gefunden, auf das sie sich einigen konnten. Und man hatte in diesem Augenblick das Gefühl, dass die beiden Alten, die bald darauf starben, wussten, dass das, worauf sie sich geeinigt hatten, nichts Nebensächliches, sondern das Wesentliche war, das ihnen bis zu ihrer letzten Stunde Lust am Leben bereitete.

Die Neunte Symphonie von Beethoven dauert weniger als eine Stunde, doch es handelt sich dabei natürlich nicht um eine Stunde Ewigkeit. Die Zeit ist vielmehr gesprengt, und wir rühren für Momente

bereits in diesem Leben an etwas, das über dieses Leben hinausgeht. Die im Bewusstsein ihrer Unwiederholbarkeit erlebte Enge der Zeit führt auf solche Weise nicht zu bloßer Angst – das Wort Angst kommt etymologisch von Enge –, sondern durch Angst hindurch in die Weite der Ewigkeit. Damit wird klar, warum Ewigkeit etwas ganz anderes ist als die Idee von einem tödlich langweiligen unendlichen Leben in lustloser Gleichgültigkeit. Das Missliche ist nur, dass man der Ewigkeit nicht mit den Instrumenten beikommen kann, die wir gewöhnlich anwenden, um Kostbares zu erwerben. Ewigkeit hat keinen Preis, Ewigkeit ist nicht herstellbar, Ewigkeit ist nicht konkret fassbar und begreifbar. Ewigkeit ereignet sich, und was uns dabei ergreift, das begreifen wir nicht auf übliche Weise.

Damit rührt das sinnliche Erleben von Ewigkeit an das, was wir schon als das Wichtige im Leben

genannt haben und was unabdingbar ist für so etwas wie Lebenslust. Auch Vertrauen, auch Liebe sind – weil sie wichtig sind – nicht begreifbar und definierbar, ganz im Gegenteil. Paul Watzlawick, dem ich persönlich und dem auch dieses Buch viel zu verdanken haben, hat vor Jahren in seinem Bestseller „Anleitung zum Unglücklichsein" auf unterhaltsame, aber zugleich sehr eindrückliche Weise die Grenzen unseres instrumentellen Den-

hat keinen Preis

kens aufgezeigt, das zuverlässig gerade am Wichtigen im Leben scheitert und damit letztlich nicht glücksfähig ist.

Alle Lust will Ewigkeit

Es ist auf tragische Weise schmerzlich, dass genau das, was dem Leben des Menschen Sinn gibt, was ihm vielleicht das Wichtigste überhaupt ist – die Liebe –, nicht in seiner Hand liegt. Doch gerade die Unberechenbarkeit der Liebe ist es, die sie so kostbar macht. Liebe ereignet sich nicht im Lexikon, sondern im Leben. Und damit scheint auch unser Projekt „Lebenslust" unberechenbar zu werden. Denn, geben wir es offen zu: Für ein Leben ohne Liebe muss Lebenslust ein Fremdwort bleiben. Spätestens hier aber kommt manch einer wahrscheinlich mit dem Hinweis, man müsse da doch wohl die wahre – geistige – Liebe von lustvoller erotischer Liebe unterscheiden. Die christ-

liche Tradition ist eigentümlicherweise anderer Auffassung.

„Wenn das die himmlische Liebe ist, dann kenne ich sie auch!", rief der französische Lebemann Charles de Brosses im 18. Jahrhundert aus, als er Gian Lorenzo Berninis berühmte Skulptur der heiligen Teresa von Avila in der Kirche Santa Maria della Vittoria in Rom erblickte. Was war geschehen? Hatte ausgerechnet Bernini, der fromme Großmeister des römischen Barock, eine schwache Stunde gehabt und für einen Moment vergessen, wen er abbildete und für welchen Ort? Die Wahrheit ist, dass der tiefgläubige Künstler wahrscheinlich gar keine Angst vor derlei Missverständnissen gehabt hätte. Zugegeben, der weitgereiste Präsident de Brosses besaß wohl keinen sehr weiten Liebesbegriff, und so wird er die Größe der heiligen Teresa und ihre Art zu lieben nicht wirklich verstanden haben.

Doch ganz sicher hätte Bernini keinerlei Probleme damit gehabt, dass seine Darstellung der heiligen Teresa in Ekstase als sinnlich erlebt würde. Die Visionen der temperamentvollen Heiligen waren es ja schließlich auch.

Wir haben schon gehört, dass die Religion des fleischgewordenen Gottes traditionell keine Berührungsängste mit der Erotik hatte. Wenn Teresa ihre tiefsten religiösen Erlebnisse geradezu sinnlich, körperlich wahrnahm, dann wäre bei anderen Menschen durchaus auch das Umgekehrte denkbar: In der beglückenden sinnlich-sexuellen Liebe zwischen Mann und Frau Gotteserfahrung zu machen. „Gott ist die Liebe", hatten wir schließlich oben schon aus dem ersten Johannesbrief zitiert. Und warum sollte ausgerechnet die tiefe körperlich-seelische Liebesvereinigung mit der

Liebe nichts zu tun haben, die Gott selbst ist? Auch hier also sprengt das Erlebnis den Moment, in dem es geschieht. Sogar Friedrich Nietzsche, der sonst so sehr im Diesseits steht, hat das gespürt: „Doch alle Lust will Ewigkeit – will tiefe, tiefe Ewigkeit", lässt er seinen Zarathustra singen.

Allerdings meint das Christentum immer mehr als bloße Lust, die sich selbst genug ist. Es meint vitale, dynamische Lust, also Lebenslust. Am Anfang von Goethes Faust steht die ungestüme Sehnsucht des Faust nach einem sich selbst genügenden Moment. Um diesen zu erreichen, verschreibt er sich sogar dem Teufel: „Werd ich zum Augenblicke sagen: Verweile doch! Du bist so schön! Dann magst du mich in Fesseln schlagen, dann will ich gern zugrunde gehen!"
Am Ende des Faust aber steht nicht das Ankommen an so einem sich im Diesseits beruhigenden Moment, sondern über sich hinausgehende, sorgende Liebe –

ein Deichbau zum Schutz für andere Menschen – und die berühmte Einsicht: „Wer immer strebend sich bemüht, den können wir erlösen."

Das Christentum aber geht noch weiter, es macht nicht halt beim bloßen Streben. Es lebt aus der Gewissheit einer letzten Erfüllung in der Liebe zum Nächsten und zu Gott. Und im Erlebnis dieser

Die Gewissheit

Liebe „wollen" die Christen nicht bloß Ewigkeit, sie erleben sie bereits für Momente. Am Beginn der „Bekenntnisse" des heiligen Augustinus, des ersten psychologischen Buchs der Weltliteratur, steht der Satz: „Unruhig ist mein Herz, bis es ruht in dir, oh Gott." Augustinus, der seine höchst persönlichen Erfahrungen mit der bloß sich selbst genügenden Lust hatte und das mit schonungsloser Offenheit bekannte, meint am Ende seines

Lebens den weiten und großen Liebesbegriff, den Bernini in der sinnlichen heiligen Teresa Gestalt werden ließ, wenn er das Wesentliche der christlichen Botschaft mit den schon zitierten Worten zusammenfasst: „Liebe und im Übrigen tu, was du willst", was allerdings gar nicht so einfach ist, wie es klingt. Denn sie ist nicht definierbar, sie ist nicht lehrbar, sie ist nicht herstellbar, die Liebe. Man kann sich um sie bemühen, aber sie ist letztlich ein Geschenk, man muss sie erleben. Und Liebe, die man mit Geist und Sinnen erlebt, ist Lebenslust in ihrer intensivsten Form.

Aus diesem Grund hat das Christentum auch keine Ratgeberliteratur über die Liebe hervorgebracht.

einer letzten Erfüllung

Das Christentum glaubt nicht an irgendwelche Ideen, die in Büchern stehen. Wie Gott für die Christen keine Idee ist, sondern ein Mensch

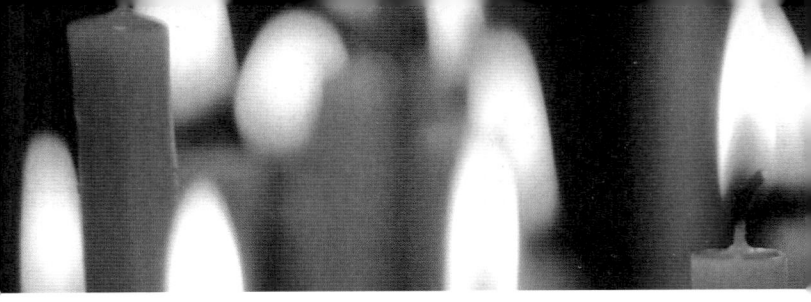

namens Jesus Christus – allerdings nicht nur ein Mensch –, so streben insbesondere katholische Christen auch nicht Ideen, sondern Menschen nach, nämlich sogenannten Heiligen. Ihre Spiritualität ist praktisch. Diese leibhaftigen Menschen zeichnen sich dadurch aus, dass sie nicht nur ein Lippenbekenntnis, sondern ein Lebensbekenntnis abgelegt haben. Es gibt Heilige, von denen man keinerlei Äußerungen kennt. Man weiß nur, dass sie vorbildlich gelebt haben. Das reicht. Und da solche Menschen aus Fleisch und Blut sich nicht in Schubladen und Systeme einordnen lassen wie Ideen, sind sie auch erwartungsgemäß unterschiedlich, sehr unterschiedlich sogar.

Alle Temperamente und Mentalitäten trifft man hier an. Niemand wird wohl alle diese Heiligen sympathisch finden. Dem einen wird dieser, dem anderen jener besonders viel sagen. Das ist ganz normal.

34

Sogar die Heiligen selbst fanden sich untereinander nicht immer sympathisch. Der heilige Hieronymus, bei aller Heiligkeit als Wissenschaftler doch etwas

durch Begegnungen

eitel, nennt den heiligen Ambrosius von Mailand wörtlich eine „hässliche Krähe" und der heilige Clochard Philippus Neri hatte bekanntlich mit dem heiligen Ignatius von Loyola auch nicht viel im Sinn. Damit ist das Christentum zweifellos eine etwas ungeordnete Sache. Doch da die Menschen nicht im Anatomiebuch, aber in der Realität sehr unterschiedlich sind, kann jeder, der sucht, auch einen leibhaftigen Christen finden, der ihm durch Taten oder Worte wirklich etwas zu sagen hat. Denn Christ wird man wohl eher durch die Begegnung mit solchen oder anderen glaubwürdigen Christen als durch Bücher.

Gewiss ist die große atheistische Philosophin Edith Stein durch ein Buch zum Glauben gekom-

men, das sie in einer einzigen Nacht gelesen hat.
Dieses Buch war allerdings die Autobiografie der
heiligen Teresa von Avila, und die bestand nicht
aus Theorien, vor allem
nicht aus philosophi-
schen. Dadurch bekam
Edith Stein Lust am christlichen Leben. Und
dadurch bekehrte sie sich zum christlichen Glauben. Ihren weiteren Weg ging sie nicht in der Theorie, sondern in der Wirklichkeit. Ihre Lust am
christlichen Leben führte sie persönlich in den
Karmel, den kontemplativen Orden der sinnlich-
religiösen heiligen Teresa. Der Gang ins Kloster als
Ausdruck der Lebenslust?

Der Erfinder des abendländischen Klosters, der
heilige Benedikt von Nursia, würde dem jedenfalls
lebhaft zustimmen. „Wer hat Lust zu leben?", ruft
er am Beginn seiner Klosterregel den jungen Menschen seiner Zeit zu, um sie zu motivieren, ins
Kloster zu gehen. Etikettenschwindel? Wenn man

Klöster für Orte hält, wo man unter Zuhilfenahme gregorianischer Choräle gemeinsam Trübsal bläst, kann man da nur übelste Rekrutierungsmethoden

christlichen Leben

vermuten. Klöster sind aber keine Orte der Weltflucht, wie es sich manche vorstellen. Wer vor der Welt oder auch nur vor einer abschreckenden Verlobten ins Kloster weglaufen will, wird dort keine Aufnahme finden. Die Fähigkeit zur Lebenslust ist Voraussetzung für ein Klosterleben. Nicht dass Klöster für Christen die einzigen Orte der Lebenslust wären, immerhin hat die Ehe den hohen Rang eines Sakraments, den das Ordensgelübde nicht hat. Ein Kloster voller weltverachtender Jammerlappen hat jedenfalls mit den Absichten des heiligen Benedikt nichts zu tun. Nur sehr vitale Menschen sind fürs Klosterleben wirklich geeignet, Menschen also, die die souveräne Freiheit besitzen, freiwillig aus all dem Getriebe und den Zwängen eines profanen Lebens

auszusteigen, um einzusteigen in ein Leben der intensiven Besinnung auf das Wesentliche.

Benedikt von Nursia, der noch in der Antike geboren war, gelang es, die besten Früchte der Antike für das Christentum zu ernten und so lebendig an die Zukunft weiterzugeben. Muße und Kult vereinigte er wieder. Zwecklos sind die Gesänge der Mön-

Intensive Besinnung

che, aber höchst sinnvoll. Feierlich und festlich ist der Gottesdienst. Keine Geschäftigkeit sollte den Mönch ablenken. Benedikt verordnete stabilitas loci: Schon bei seinem Eintritt wusste der Mönch, dass er auch in diesem Kloster sterben wird, und täglich konnte er seine künftige Grabstätte sehen.

Wen so etwas betrübte, der hielt das ohnehin nicht lange aus. Vielmehr sammelten die Mönche aus alldem Kraft für die großartigen Schöpfungen, die die

Klöster über das Mittelalter bis heute vollbracht haben. Ohne die benediktinischen Klöster und ihre Leistungen gäbe es das Abendland nicht und auch nicht unsere Kultur. Damit wird deutlich, worin sich christliche Kontemplation von der Weltflucht des Diogenes in seiner Tonne unterscheidet. Mönche betreiben nicht kultivierten Egoismus. Sie leben nicht für sich im Kloster, sondern für Gott und die Welt. Sie legen durch ihr Leben der schweigenden Besinnung und des Gebets ein lautes Bekenntnis dafür ab, dass es noch etwas über dieses Leben hinaus gibt – Ewigkeit. Im Lob Gottes liegt der Sinn ihres Lebens und im Gebet für die kirchliche Gemeinschaft und für die Welt. Doch nicht nur im

auf das Wesentliche

Gebet. „Ora et labora", lautet die Aufforderung des heiligen Benedikt, bete und arbeite. Bei aller Hochschätzung der Kontemplation: Auch in der leibhaftigen Tätigkeit soll der Mönch seine Existenz für Gott

und die Welt leben – nicht zuletzt, um mit seiner Lebensform niemandem auf der Tasche zu liegen.

Das benediktinische Lebenslustkonzept, das sich im Gegensatz zu den leicht verderblichen Kunstprodukten, die derzeit im Umlauf sind, seit 1500 Jahren bestens bewährt hat, ist ein Geheimtipp für

Man kann lernen

Kenner. Wie in früheren Jahrhunderten gibt es heute viele Menschen, die sich für einige Zeit in ein Bendiktinerkloster zurückziehen, um dort zur Besinnung zu kommen und ihr Leben neu auszurichten oder auch nur einfach, um „aufzutanken".

Der heilige Benedikt hat das vorgesehen. Die Regel 53 beinhaltet eine geradezu überschwängliche Gastfreundschaft. Es gibt daher keine Benediktinerklöster ohne Gästezimmer. Als Gäste treffen sich dort abgehetzte Manager, die sich mutig dazu entschließen,

eine Zeitlang nichts zu sagen zu haben, rastlose Politiker, die sich überlegen wollen, was sie eigentlich meinen, oder auch Menschen, die in einer tiefen Lebenskrise stecken und das Wesentliche in ihrem Leben vom Unwesentlichen unterscheiden wollen. Für jemanden, der eine große Enttäuschung erfahren hat, kann es allein schon nützlich sein, Leute zu erleben, die selbst ganz freiwillig ein Leben gewählt haben, das sich nicht nur auf Menschen verlässt, sondern letztlich auf Gott. Auf diese Weise hat manch einer wieder Boden unter die Füße bekommen, ohne in Zynismus zu verfallen. Man kann im Benediktinerkloster lernen, Schweigen, das länger dauert als eine Minute, auszuhalten und überhaupt wieder Zeit zu erleben. Und das ist eine ganz entscheidende Voraussetzung für Lebenslust.

Schweigen auszuhalten

Ist für Christen also das Kloster der Königsweg zur Lebenslust? Keineswegs! Der heilige Benedikt hat

selbst mit flächendeckenden Mönchskolonien miserable Erfahrungen gemacht. Das Klosterleben ist ein Unterschied, der einen wirklichen Unterschied macht: Ein wenig Salz in der Suppe und vielleicht sogar nützlicher Sand im Getriebe. Nicht mehr und nicht weniger. Selbst manche kirchlichen Würdenträger hatten es überhaupt nicht mit den Klöstern und waren der Lebenslust dennoch zugetan. Auf dem herrlichen Bild von Jan van Eyck in Brügge, der Madonna des Kanonikus van der Paele, das mit aller Lust an der Wirklichkeit gemalt ist, die die hier beginnende neuzeitliche Malerei kennzeichnen sollte, sieht man im Vordergrund den Kanonikus: Ein offensichtlich durch und durch weltlicher Mann, Typ Bankdirektor, nicht sehr sympathisch und in seiner prallen Diesseitigkeit ganz gewiss ohne jeden Sinn für Mystik. Er faltet die Hände, man hat den Eindruck, weil es so üblich ist, und schaut etwas unsicher, fast skeptisch ins Leere. Fromm wirkt das nicht. Aber als Vision er-

scheint vor ihm die Madonna in einem prachtvollen Gewand, die ihm mit milder Geste Erlösung verheißt. Das Interessante an diesem Bild ist, dass der Kanonikus sie gar nicht sieht, die Vision. Nur wir, die Betrachter, werden ihrer ansichtig. Ein schönes und ermutigendes Bild, zeigt es doch, dass der Segen Gottes und der Gottesmutter Maria sogar auf so einem ganz diesseitigen Menschen liegt – sogar wenn der in seiner ganzen Weltlichkeit die Madonna gar nicht wahrnimmt, die aus dem Jenseits ins Diesseits hineinsegnet.

Der Lobpreis der Wirklichkeit in den Gemälden Jan van Eycks entstammt geistesgeschichtlich dem christlichen Lobpreis der Welt als Schöpfung Gottes, wie er vor allem Franz von Assisi zu verdanken ist. Alles Denken des Mittelalters war nach Franz darauf ausgerichtet, das Ganze der Welt und des Lebens als gutes Werk Gottes zu verstehen und damit als Vorahnung des Heils.

Heiltümer und Heilswege

Dass Kunst diese Ahnung von Heil Gestalt werden lassen kann, aus dieser Überzeugung hat das Mittelalter eine faszinierende Konsequenz gezogen. Man war nämlich der Auffassung, dass ein leidender und kranker Mensch durch die Betrachtung eines bestimmten Kunstwerks geheilt werden könnte. Ein ergreifender Gedanke! Heiltümer nannte man solche

Die Beziehung von

Bilder, und eines davon ist der berühmte Isenheimer Altar von Matthias Grünewald, der heute im Museum Unterlinden in Colmar zu sehen ist. Dieses gewaltige Kunstwerk hing ursprünglich in einem Antoniterkrankenhaus in Isenheim. Nicht irgendwo. Sondern ganz zentral. Im Krankensaal an der Stirnwand. Und alle Krankenbetten waren auf dieses Bild hin ausgerichtet. Von morgens bis abends schauten

die Kranken auf dieses Heiltum, das die ganze Drastik des Leidens Christi am Kreuze vor dem Auge des Betrachters Gestalt werden ließ. In diesem mit ihnen schrecklich mitleidenden● Gott sahen sie aber zugleich wirklich und wirksam ihre eigene Erlösung, ihr Heil. Hier sind Heil und Heilung wirklich ganz dicht beieinander. Wer die Kraft dieses Gemäldes kennt und eine wirklich ganzheitliche Sicht von Gesundheit teilt, der wird nicht an der heilenden Wirkung des Isenheimer Altars zweifeln.

Um nicht missverstanden zu werden: Ich plädiere hier nicht für einen Großtransport aller Krankenhausinsassen in die örtlichen Museen vor die entsprechenden Bilder. Auch ich werde die moderne

Heilung und Heil

Medizin gerne in Anspruch nehmen, wenn das erforderlich ist. Aber wenn man die Beziehung von Heilung und Heil sinnlich und konkret erle-

ben will, dann ist der Isenheimer Altar dafür eher geeignet als das Aachener Klinikum.

Der Isenheimer Altar gehört zu den Kunstwerken, die den Menschen nicht bloß ganzheitlich heilen können. Er lässt vielmehr das Heil konkret Gestalt gewinnen. Er vermag Menschen herauszureißen aus dem lustlosen Getriebe ihres Lebens und sie so zu ergreifen, dass sie in Betrachtung versunken einen Funken Ewigkeit erleben. Vor dem Isenheimer Altar kann man religiös werden. Das gilt gewiss auch von vielen anderen Kunstwerken, wie der Assunta (Mariä Himmelfahrt) von Tizian in der Kirche I Frari in Venedig oder der Pietà von Michelangelo in Sankt Peter in Rom. Nicht nur in der Begegnung mit konkreten bekennenden Menschen kann sich jemand der Religion öffnen, sondern auch in der Begegnung mit ihren künst-

Lust

ist immer

lerischen Zeugnissen, die die Zeit sprengen und die Wahrheit auf undefinierbare Weise allzeit gegenwärtig machen. Die orthodoxen Christen haben sich die sinnliche Gegenwart Christi im Bild der Ikone noch viel lebendiger gehalten als die eher vom begrifflichen Denken geprägten westlichen Christen.

Lust ist immer auch sinnlich. Lebenslust ebenso. Religion, die rein geistig wäre, könnte der Lebenslust daher nur abträglich sein. Dass Religion in unseren Breiten inzwischen weitgehend so wahrgenommen wird, sozusagen als der große Spielverderber der Lust, hat verschiedene Gründe. Zumindest mit dem Christentum aber haben solche Vorurteile nichts zu tun. Das Christentum ist sogar so extrem sinnlich, dass ihm das in seinen Anfängen, wie wir schon sahen, den Vorwurf der Gotteslästerung eingetragen hat. Aber kann man

Gott wirklich sinnlich, ästhetisch erfahren? Die Christen jedenfalls glauben das. Als ich einmal einen jungen Inder erlebte, der erklären sollte, was der Unterschied zwischen den verschiedenen Religionen seines Landes sei, da war er in der Lage, die Differenzen begrifflich außerordentlich präzise darzulegen, aber schließlich unterbrach

Ausgedachter Sinn

er sich und rief mit leuchtenden Augen aus: „Das Christentum ist einfach schöner!" Die ästhetische Erfahrung der Religion ist dem Eigentlichen der Religion sehr angemessen.

Bloß ausgedachter Sinn ist kein Sinn, sondern Unsinn. Die Esoterikwelle lebt von solchen halbseidenen, aber gut verkäuflichen Originalitäten. „Mein Meister erfindet gerade eine Religion für den Osten", sagte mir neulich ein höchst naiver Esoterikfreak, Begeisterung in der Stimme. Sol-

che „Religionen" sind nichts als teures Plastikspielzeug und für schlichte Gemüter allenfalls Beruhigungsmittel gegen die Angst vor dem Leben und die Angst vor dem Tod. Die Nebenwirkungen solcher Beruhigungsmittel sind allerdings verheerend. Sie führen ihre Konsumenten nicht selten in eine Abhängigkeit, die ihnen eine virtuelle Welt vorgaukelt, so dass sie ihr eigenes Leben in der Wirklichkeit verpassen. Denn mit solchen künstlichen Gedankengebilden erreicht man die Wirklichkeit nicht mehr. Sinn und Religion sind nicht künstlich produzierbar, sondern nur erfahrbar, und die Sehnsucht aller Menschen nach dem Ziel ihres Lebens kann nicht mit einer reinen Idee befriedigt werden, sie sehnt sich nach erlebbarer Wirklichkeit. Damit ist diese religiöse Sehnsucht aber der Lebenslust sehr nahe, die nichts so sehr liebt wie die Wirklichkeit. So kann die Lust auf das wirkliche Leben der Weg zu einer ernsthaften

religiösen Fundierung sein und die Sehnsucht nach wirklicher Religion die Lebenslust steigern.

Wie wirklich ist aber diese Wirklichkeit? Sind die ergreifenden Wirkungen von Musik, von Liebe, von Malerei nicht bloß eine höhere Form von Illusion? Ist das, was wir erleben, nicht nur ein Effekt von Hormonen, Neurotransmittern und vegetativem Nervensystem? Diese Frage ist streng wissenschaftlich nicht beantwortbar. Jeder muss sich aus seiner eigenen Lebenserfahrung fragen, ob er die Liebe eines geliebten Menschen für ein Chemieprodukt oder für etwas Primäres hält, was ihm existenziell aus der Wirklichkeit zustößt. Daran hängt alles. Hält er die Welt für ein Chemieprodukt mit mehr oder weniger erfreulichen illusionären Epiphänomenen wie Vertrauen, Liebe und Kunsterleben, dann wird er freilich auch die Lebenslust als Illusion verachten. Traut er seinen innersten Erfah-

rungen, dann sind auch die Erfahrungen unmittelbare Wirklichkeit, die das, was Metermaß, Waage und Uhr messen können, sprengt. Und dann kann er auch der Lust am Leben trauen, die er verspürt, wenn er in der Musik, in der Liebe und in der Kunst Ewigkeit erlebt.

Ob solche Ewigkeit aber für sie persönlich Bestand hat, das können Menschen dennoch nicht wissen. Die Christen wissen nicht nur, vielmehr sie sind sich gewiss, das heißt sie glauben, dass durch Jesus Christus das Heil wirklich gekommen, der Tod wirklich überwunden und ewiges Leben wirklich und verlässlich eröffnet ist. Und so strahlt für sie das ewige Leben sein Licht bereits in dieses Leben hinein, nicht bloß als Option für irgendwann einmal, sondern schon als Ereignis. Was sie in der Musik,

in der Liebe, in der Kunst und den vielen anderen sogenannten transzendentalen Erfahrungen ergreifend erleben, das ist nicht melancholische Erinnerung an ein für immer verlorenes Paradies und auch nicht schmerzliche Ahnung von etwas, für das man nicht bestimmt ist. Vielmehr können Christen in diesen Momenten höchsten leibhaftigen Glücks, die in jedem Leben immer nur vorübergehend sein können, das dauerhafte Glück vorkosten, das sie erwarten. Und das begründet christliche Lebensfreude und christliche Lebenslust.

Die Chance

Doch nicht nur Christen streben nach Lebenslust. Alle Menschen haben die Chance, sich vom Eigentlichen des Lebens ergreifen zu lassen. Lebenskunst ist auch, Behinderung, Krankheit, Schmerzen und Leiden nicht als Defizite zu betrachten, das Alter freudig zu erwarten, im Bewusstsein des sicheren Todes die

Lust am Leben intensiv zu spüren und entschieden sein einzigartiges Leben zu leben. Das heißt, gelebte Zeit zur erlebten Zeit zu machen, nicht zu tun, was „man" so tut, sich nicht von irgendwas oder irgendwem leben zu lassen, sondern höchstpersönlich zu leben – damit nicht eines Tages auf dem Grabstein steht: „Er lebte still und unscheinbar, er starb, weil es so üblich war."

Weil es Lebenslust nicht anders gibt als höchstpersönlich, gibt es da kein Rezept. Alle Menschen streben nach Glück und Lebenslust. Gäbe es sie, die ultimative Methode, glücklich zu werden – es würde sich erübrigen, das Leben. Nichts anderes wäre es als eine Schnitzeljagd mit nur

einzigartig zu leben

einem richtigen Weg. Man würde seine Individualität am Beginn des Weges an der Garderobe

abgeben und, zusammen mit Massen von Menschen auf dem Trimm-dich-Pfad des Lebens geschoben und gedrängt, ein Leben nach Plan absolvieren. Menschenunwürdig wäre ein solches Leben als Rudelexistenz. „Der Sinn, und dieser Satz steht fest, ist stets der Unsinn, den man lässt", dichtete der Philosoph Odo Marquard voller Skepsis.

Die Lust am Leben und das Glück gibt es jedenfalls nicht auf den Trampelpfaden des Lebens, und sie stellen sich eher beiläufig ein. Es ist nicht gleich der gewaltige Sinn, das unermessliche Glück, der laute Triumph. Für eine „Diätetik der Sinnerwartung" plädiert Odo Marquard. Wie der Gott des Alten Testaments sich nicht im Wirbelsturm, sondern im leisen Windhauch offenbart, so sind es zumeist die kleinen in Muße wahrgenommenen Ereignisse im Leben, die die Lebenslust speisen: Das Lächeln eines Kindes, die zufällige Melodie aus dem Radio, die hinreißende Färbung einer toskanischen Landschaft, das beiläufige Erlebnis eines völlig unbekannten uneigennützig guten Menschen, aber auch die Betrachtung der glutvollen Bilder des Jacopo Tintoretto in der Scuola di San Rocco in Venedig. All das ist keine graue Theorie, es hat den intensiven Geschmack von Wirklichkeit. Und manchmal haben gerade Kinder mehr Sinn dafür. Kinder sehen die Welt noch nicht durch die Brille einer wie immer gearteten ausgedachten Weltanschauung, sondern sie nehmen sie unmittelbarer und auch sinnlicher wahr. Kinder haben viel Sinn für Lebenslust. Zweckfreies Spiel können ungeduldige Erwachsene vielleicht am besten von Kindern ablauschen.

Das Lächeln

eines Kindes

Glück: das Wahre, Schöne, Gute

Das Wahre, das Gute und das Schöne suchten die alten Griechen im Leben und darin das Glück oder besser: die Lebenslust. Denn das Glück war den Griechen nie bloß abstrakt. Und sie wussten, dass all das nicht so zu haben ist, wie vieles ande-

Das Glück

re zu haben ist, dass es nicht dem Wissen, sondern nur der Weisheit zugänglich ist, und vor allem waren sie sich sicher: Es ist ein Geschenk der Muße.

Wahrheit, die Wahrheit, die das Leben trägt, ist für Platon nicht berechenbar. Sie ist nicht das Ergebnis jahrelanger biederer Forschungsbemühungen. Wahrheit, wie Platon sie versteht,

„blitzt auf im Moment". Sie ist nicht ausge-
dacht, sondern sie ereignet sich. Sie ist daher
auch kein Besitz, dessen man sich in selbstver-
liebter Wahrheitsgewissheit rühmen kann. Wer
Wahrheit endgültig zu besitzen wähnte, wäre
geistig tot. Nichts könnte ihn mehr überra-
schen, auf nichts wäre er mehr neugierig. Dass
die Wahrheit unermesslich ist und sich dadurch
dem herrscherlichen Zugriff des Menschen ent-
zieht, das ist Voraussetzung für geistige Lebendigkeit.

Weise Menschen, die in Momenten der Muße
staunend der Wahrheit begegnet sind, zeichnen
sich durch wache Lebendigkeit aus, durch eine
Lust am Leben, die sich aus der Unausschöpf-

als Geschenk der Muße

lichkeit der Wahrheit speist. Denn wer die
Wahrheit in diesem Leben erlebt, der erlebt

auch, dass sie ihm in ihrer letzten Fülle immer noch bevorsteht. Die Antwort auf die uralte Frage nach der Wahrheit wird man also nicht der unendlichen Geschwätzigkeit von Ratgebern entnehmen. Vielleicht am radikalsten wird sie am dramatischen Höhepunkt des Johannesevangeliums beantwortet.

„Was ist Wahrheit?", fragt der römische Prokurator Pontius Pilatus, Herr über Leben und Tod in Palästina. Und die wichtige Antwort Christi ist – Schweigen. Denn die Wahrheit ist nicht mit Worten definierbar. Die bei weitem meisten Dogmen der Kirche sind Dogmen gegen Leute, die behaupteten, sie und sie allein wüssten sie, die Wahrheit. Man müsse das Schweigen Christi vernehmen, um vollkommen zu sein, behauptet Ignatius von Antiochien. An anderer Stelle des Johannesevangeliums aber sagt Christus: „Ich bin der Weg, die Wahrheit und das Leben." Die Wahrheit enthüllt sich nicht im Gerede, sie ist nicht festzuhalten in einer ausgedachten Ideologie, sondern sie ereignet sich in der Begegnung mit Menschen, für Christen vor allem in der Begegnung mit dem Mensch gewordenen Gott. Man hat den Weg von Christen

ist unermesslich

daher am besten als Nachfolge Christi gedeutet. Und daher ist auch die Antwort auf die Frage nach dem Sinn und dem Heil des Lebens nicht in einem Buch zu lesen, sondern sie erwächst aus der Erfahrung eines Lebens.

Wie die Wahrheit, so ist auch das Gute nicht definierbar. Wer will schon sicher wissen, ob ein Mensch wirklich gut ist! Es gibt keinen psychologischen Test, mit dem man hätte beweisen

können, dass Mutter Teresa von Kalkutta ein guter Mensch war. Die These, dass sie vielleicht eine geschickte Strategin der Selbstverwirklichung gewesen sei, ist mit wissenschaftlichen Tests nicht widerlegbar – allerdings natürlich auch nicht beweisbar. Wer sie erlebt hat, jenen „Engel der Armen", und wer ihre guten Wirkungen auf Menschen in der ganzen Welt noch heute sieht, der wird nicht bloß intellektuell wissen, sondern er wird vielmehr mit seiner ganzen Person und Lebenserfahrung sich gewiss sein, dass Mutter Teresa von Kalkutta ein guter Mensch war. Und sie strahlte dabei Freude aus. Oder gar Lust?

Der heilige Thomas von Aquin sagt: „Ein Handeln kann nicht vollkommen gut sein, wenn nicht auch die Lust am Guten dabei ist." Man

könnte das fast eine sinnliche Auffassung der Ethik nennen. Mutter Teresa war, was viele nicht wissen, ein tief kontemplativer Mensch. Der von ihr gegründete Orden zeichnet sich durch lange Gebete und zugleich intensive Sorge um Menschen in Not aus. Die Kontemplation der Wahrheit erliegt hier ganz sicher nicht der Gefahr eines selbstzufriedenen Ruhens nur in sich selbst. Aus der Betrachtung der Wahrheit kommt die Kraft für das Gute.

Der Zusammenklang des Wahren und Guten fand für die Griechen in der Schönheit statt. Auch Schönheit ereignet sich, in Muße, zufällig, unerwartet, im Moment. Man begreift sie nicht, die Schönheit. Schönheit ergreift. Und die Kunst, die vielleicht am wenigsten begreifbar

ist, ist die Musik. Selbst in großer Bedrängnis kann ein Mensch im Erlebnis ergreifender Musik zu sich selbst finden und eine Lust an

Einverständnis

der Welt und diesem Leben spüren, die ihn über alle Mühsal des Lebens erhebt. Wer Sinn dafür hat und die „Versperae solemnes de confessore" von Wolfgang Amadeus Mozart in einem Moment der Muße wirklich erlebt, erlebt Schönheit, vielleicht auch Wahrheit, und ich glaube sogar, dass er kein schlechter Mensch mehr werden kann: „Et veritas domini manet in aeternum", heißt es an der intensivsten Stelle. Wahrheit, Ewigkeit, Schönheit im Moment, Lust am Leben, Einverständnis mit dieser Welt im Ganzen.

mit der Welt

Das ist Lebenslust, Glück und Gesundheit. Über die Gesundheit hat der große Arzt Heinrich Schipperges gesagt: „Um gesund zu sein, muss man der Welt im Ganzen zustimmen."

im Ganzen

Bildnachweis:
Alle Fotos von Renate und Georg Lehmacher

Bibliografische Information: Deutsche Nationalbibliothek
Die Deutsche Nationalbibliothek verzeichnet diese
Publikation in der Deutschen Nationalbibliografie;
detaillierte bibliografische Daten sind im Internet über
http://dnb.d-nb.de abrufbar.

© 2010 Pattloch Verlag GmbH & Co. KG, München

Gesamtgestaltung: Atelier Lehmacher
Druck und Bindung: Offizin Andersen Nexö, Leipzig
Printed in Germany

ISBN 978-3-629-02260-8

Bitte besuchen Sie uns im Internet:
www.pattloch.de

5 4 3 2 1